JN440273

청빈한 줄탁

청빈한 줄탁

김순자 시집

문학의전당

自序

"무엇이든 버려서는 아니 된다. 집으로 돌아올 때는 하다못해 길가의 돌멩이라도 주어 들고 오렴" 기억 속의 그 말, 가훈 같아 자존自存에 허기진 나는 늦깎이로 서툴고 부족한 언어들을 돌멩이처럼 모아 마지막 같은 삶의 통증을 치유합니다. 순연한 재가 아닌 절규도 침묵도 되지 못한 언어들, 소란騷亂처럼 아프게 명치끝에 매달려 툴툴거리며 세상과의 줄탁을 건네어봅니다.

2008년 9월

김순자

차례

1부 하얗게 발돋움하는 쥐눈이콩

2부 몽돌들의 염불소리

3부 눈알을 굴리는 살구

4부 굴렁쇠를 굴리는 동네 큰 마당

1부 : 하얗게 발돋움하는 쥐눈이콩

경계의 축제

세력을 넓힌다
쑥은 쑥대로
잔디는 잔디대로
으름장을 놓듯 망초는 키를 세우고
질경이는 오기로 깊게 뿌리를 뻗는다
다수가 옳다고 우기지 마시라
끼리끼리 속에도 틈새는 있고
용기가 있는 곳에 빛은 들게 마련이다
햇살을 잡고
앉은뱅이, 민들레, 꽃다지, 별바라기…
따사롭게 그들을 호명하는 언덕에
사방 천지 온통 봄꽃이 핀다
풀밭에서 누구를 잡초라 하느냐
이름 두고 함부로 뽑아내지 마시라
너나없이 기다리던 봄날인 것을

쥐눈이콩나물

검은 껍데기를 머리에 쓰고
세상 구경 나온 쥐눈이콩나물
대궁이 하얗게 키를 잰다
으쓱으쓱
서로를 세우려는 힘의 반란
콩나물을 시루째 쏟아
검둥이와 흰둥이를 가려 추린다
인종의 전장에서 숨진 시체 같은
쥐눈이콩의 검은 껍데기들
하수구로 떠밀려 내려간다

'잠들지 않은 꿈은 희망' 이라던가
검은콩과 한 몸이던 시절을
오선지에 그려 놓고 노래하는
마이클 잭슨
열정의 몸짓이 한恨처럼 슬프다
맹물만 먹고 지탱한 삶
검은 껍데기를 벗으려 온 힘을 다한다
흰 족속이 빛나는 세상
희생 없는 성공이 어디 있으랴

하얗게 부르짖는 쥐눈이콩의

발돋움

벚꽃

향긋한 보름달 그림자에 걸린 마음 뒤척이다 문 틈새로 빼꼼히 밖을 내다보았지 그런데 아 글쎄 물오른 벚나무 고년이 고 새침한 년이 잽싸게 분홍빛으로 온 동네를 와장창 열어 제치고 화들짝! 수작을 부리는 게 아니겠어 불여우 같은 앙큼한 년 그러니 부처가 아닌 담에야 어느 남정넨들 안 넘어 가겠어 망측하고 발칙한 년 풀풀 암내를 풍기며 살살 눈웃음을 치는 맹랑한 고년 살랑살랑 치맛자락 눈부시게 고운 고년 정말 환장하겠구먼 고 깜찍한 년 달님도 홀렸는지 실실 웃고 있었어 누구든 후려내는 참말로 얄미운 고년 깨물어 주고 싶은 예쁜 년 미치도록 고년 한 번 꼬옥 품고 싶은 밤이었어

줄탁

우주의 부리로
대지의 껍질을 쪼면
야리야리 새싹이 일어선다
엄마 손바닥에 아기를 올려놓고
꼬눠꼬눠하듯
다리에 힘 올라 스스로 서라
봄날 천지가 들썩인다
비바람에 주눅 들어 웅크린 어둠도
손뼉 치듯 햇살이 환영을 하면
꼬눠꼬눠 꽃이 피고
꼬눠꼬눠 열매 맺고
버둥대며 스스로 서고 스스로 지는
살아가는 단 한 번의 모든 순간들
외롭지 아닌 삶이 어디 있으랴
나눌 수 없는 사랑 어디 있으랴
온누리를 따뜻하게 채워지는
봄, 울림

봄

오묘한 청명의 소리
초록 바람 물결로 출렁입니다

꽃다지, 할미꽃, 민들레, 앉은뱅이
내 귀에는 꽃비늘이 돋습니다
달롱, 혼잎, 삽취, 나생이, 지칭개, 빌금다지
산 넘고 물 건너
논두렁 밭두렁 나물을 캐며
덧없는 멀미로 시름겨워 않으리다

나비처럼 날고 싶어지는
이 봄
우주의 중심에 닿을 수 있을까요

넝쿨장미

담 모퉁이를 돌아서며
까르르 자지러지는 소리
어디서 본 듯한
웃고 있는 저 사람
누구였더라
꽃에도 그늘이 있던가
고운 눈매에 맺힌 눈물
건드리면
금방이라도 쏟아질 것만 같다
아하 그렇구나 울 너머에 사는
그 여자 시집 온 지 5, 6년
가난이 성깔을 가시 돋게 했다지만
땅속 깊이 봄을 키웠구나
사막이 오아시스를 감싸듯
가시넝쿨 속에 새끼를 품고
풍진 세월의 경계를 허물며
한 잎 두 잎 화들짝 세상을 연다

밤알

뒹구는 잎 사이로
밤송이 하나 움츠리고 있다
혹시 알밤?
발로 툭 건드려 본다
알이 차 있는 것은 가시가 거세다
거침없는 요즘 여자들
고슴도치처럼 억세게 찔러댄다
품은 자식이 있기 때문일까

새소리 하나 적셔 내지 못한 내게
가지 휘게 매달렸던 밤송이들
서로를 찔러대던 시절이 있었던가
어느새 알밤 되어 다 떠나고
꿈의 높이에서 추락한
이제는 빈 들판

홀로라는 것은 눈물보다 더 가슴이 시리다
무엇이 너였고
무엇이 나였을까
저문 햇살에 등을 덮인다

3월

효성초등학교 입구
풀어놓은 햇살이
조알조알
종달새 소리로 쏟아져
내 어릴 적 고향
둔덕에 씀바귀, 달래, 냉이. 쑥
어머니 손끝에 입맛이 돋아
허리띠 더욱 조인 3월이구나

지난날의 가난도 그리워지는
보슬비에 새순처럼 두 눈을 닦자
잠 깨어 하품하는 매화 꽃망울
바람도 간지러워 탱자나무 귀를 트고
봇물처럼 터지는 연분홍 소문
뿌리 밑 남은 힘으로 다시 일어나
출발이다

날개를 맘껏 펴고 하늘 한 바퀴
해묵은 나무에도 물오르는 3월

채송화

앞마당에 채송화
연분홍 웃음으로
창문을 연다

방충망 밖으로 보이는 세상
잘게 바둑판처럼 어려 보이는데
채송화가 나를 보면
얼마나 조각나 보일까

제대로 맞추지 못한
내 마음속 무실한 도표
뒤틀린 퍼즐로 안팎이 어지럽다

새촘히 실눈을 뜨고
좁은 구멍으로 나를 집어넣으면
하나가 될 수 있을까

낮게
낮게 작은 귀를 열고
우주를 흔드는 소리

봄비 2

향긋한 미소 속에
눈물을 숨기고
소녀 같은 꽃잎이 하르르
그리움으로 쏟아져 내립니다
머리에도 어깨에도…
슬픔처럼 떨어지고, 웃고
이별이란
아픔만은 아닌가 봅니다
꽃잎 떨어져 내린 가지
살포시 어루만지면
그녀의 소식처럼
파랗게 입덧하는 봄이 흐르고
온갖 풀잎들의 축가祝歌
세상이 가득 차오릅니다

가을비

조금만 울겠습니다
방황하는 낙엽만 적시고
하염없이 걷겠습니다

이별 앞에서
눈물이 전부는 아니겠지요
그냥 다소곳이
인사만 하겠습니다

빈 거리에서 지치도록
기다리는 찬바람을
차라리
그리워하겠습니다

나무가 산다

겨울 한 귀퉁이에
나무가 산다

군둥서리 옷마저 벗어 버리고
솜털까지 발가벗겨 면도질하는
이름조차 잊어버린 나무들

아직도 잎 떨구지 못한 놈들은
쌓이는 눈에 가지가 꺾인다
우지직!

이 겨울 나도 풍風맞을까 봐
놀란 가슴에 빗질을 한다
숨겨 둔 탐욕을 눈치 챈 듯
나뭇가지들
창공을 향해 시퍼렇게 눈 부릅뜬다

아래로 더 아래로
퍼 올릴 봄은 흐르고

파도 2

멍석말이로 밀려오는
오만과 독선
포획하듯 출렁인다
황금과 권력이 타협하는 세상
울분하여 바위는 보란 듯 받아치고
자존심만큼 튀어 올라간 물알갱이
영롱한 보석으로 피어낸다
절벽 아래
나뒹구는 잔 돌멩이들은
상처 입은 물살의 아픔인가
용사의 죽음처럼 싸늘하다

환호하듯 백기를 들고 얼싸안는
안분지족을 아는
저 푸른 함성

호랑지빠귀새(귀신새)

어느 먼 세상의 원귀冤鬼인가
간담이 서늘하게
산사山寺의 고요를 토해내는
호랑지빠귀새의 방언 같은 독백獨白
억울한 사연을 전설 속에 담아놓고
눈물마저 삼켜버린 두륜산 새벽
엉거주춤한 골짜기가 적막에 졸고 있다
묽게 지워진 스무이레 달빛
나뭇가지 사이로 슬며시 따라 나와
절규하듯 내지르는 외마디 소리
호후–
이 산 저 산 접경接境을 넘어
애련哀憐한 그림자를 앞세운다

천지간에 누군들 맺힌 한恨 없으랴
짓눌린 어둠을 밀어내고
날이 밝으면
망각의 숲 속에서 요람처럼 평안할까

풀잎끼리

서울로 부산으로 흩어져 사는
누이야 아우야
서로를 걱정하며 그리워 말고
풀잎 같은 우리끼리
풀밭에 모여 살자

고향 빈 마을 촌놈이 되어
텃밭에 고추 심고 상추도 심자
앞 도랑에 피라미 술안주 삼아
뒷동산 부엉이가 우는 밤에는
어릴 적 망태할멈 다시 오려나

허심한 달빛 아래 무심한 바람소리
낙엽 지듯 큰 형님 떠나고 나니
인연 줄 느슨해진 탓인 듯하여
남은 세상 신명내어 줄을 조이자
풀밭에 풀잎처럼 다함께 모여

2부

몽돌들의 염불소리

파밭

절 밖으로 쫓겨난 매운 성깔
뼈 한 마디 없이도
꼿꼿하게 속 비우고 대파
대사님이 되셨나
머리에 하얗게 우담바라 피고
무심설법하시려나
법고法鼓를 치는 쪽파 보살
벌, 나비, 풍뎅이 신도들이 모여든다
법문을 듣고 있는 신도들 틈에
나도 꿇어 엎드린다
잡초 뽑으려고

봄날 파밭은
해만 뜨면 야단법석

목탁 소리

대둔산 새벽 예불 고인 마음 물소리로 흐르는데 마음은 절간에 두고 몸만 가는 보길도. 부표들이 줄줄이 보살처럼 엎드려 치성을 드린다. 깊은 불심 용궁까지 닿아 뱃길 순탄하고 해산물 풍작이기를…. 발자국마다 사각사각 예송리 몽돌들은 염불소리를 낸다. 송림 아래 미역 파는 할머니들 나한이시던가 부처님 앞에 경배하듯 보시布施하라신다. 나도 시주施主로 삼배三拜를 올렸겠다 복을 받듯 미역 한 다발 덤으로 얻은 발걸음이 가볍다. 쪽빛 바다에 물길을 열며 맛도 믿음이라 뱃머리를 치는 하얀 물결, 목탁 소리를 낸다. 물탁 · 목탁 · 물탁 · 목타아악

잠자리 입적하시다

풀잎에 앉아
온종일
바람에 흔들리는 잠자리
까치발 살금살금
꼬리를 잡아도
이륙할 듯 날아갈 듯
하늘로 꿈꾸는 날개
죽음마저도
염열炎熱이 남아
천수 천안의 겹눈
시방 세계를 응시한다
하늘나라 묘지 마다하고
땅으로 내려 온 것은
삶이 꿈이고 죽어서 깬다는 뜻인가
서릿발로 지핀 다비식에
향불처럼 들국화 산녘에 향기롭다

순환선을 타면서

봄, 여름, 가을, 겨울 지나
또 다시 봄이 오고 가고

훌라후프를 돌리듯
둥글게 살아난다
살아간다

한 생의 끝은 다음 생의 시작이고
이승의 시작은 전생의 끝이라 했나
시작도 끝도 없는
윤회의 고리

우화등선羽化登仙
굼벵이도 꿈틀대는 영겁의 길 위에
반딧불이로 별을 대적하듯
꿈 하나
내 꿈 하나 못 키우랴

향일암

금오산 발치의 쪽빛 바다는 관음보살의 미소처럼 온유하다. 일주문을 오르는 높은 계단은 가쁜 속세를 잠시 숨 고르고 돌아보라는 화두인가? 젖은 가랑잎처럼 달라붙은 잡념雜念을 천년 고목의 푸른 가지에 걸어 놓고 미로로 이어진 바위틈새의 길을 따라 언뜻 나선 관음기도처. 뒤엉켜 밑줄 친 삶의 페이지를 장장이 뜯어 일출의 순간에 태워버리기로 했다. 금빛으로 켜를 이룬 물결을 가르며 배는 먼 거리만큼 점점이 작아지고. 해갈되지 않은 그리움이 뱃전을 두드리며 하얗게 지워진다. 텅 빈 남해 그 바다를 향해 작은 새 한 마리 느릅나무에 앉아 산소리를 낸다.

짝사랑

사립문 밖
진달래 한 다발 나뭇짐에 꽂고
돌담을 돌아오던 그 사람
진달래꽃보다 얼굴 더
빨개졌지요

그래요
아지랑이 꼬물대는
산여울가 갯버들 도란거릴 때
내 가슴에 새록새록 움을 틔웠죠

몰라요
3월의 햇살처럼 밀려 든 그대
바람이 장난스레 스쳐만 가도
울렁이는 그리움 떡갈잎 피듯
괜스레 가슴이 두근두근
난 몰랐죠 그런 게 사랑인 줄

미워요 그대
면벽面壁의 무상무념無想無念

꽃 피고 새 울어도
비바람 불고 번개 내려쳐도
가부좌 틀고 앉은 돌부처입니다

단풍나무

잎은 농익어 닿기만 해도
빨갛게 물결이 튄다

어느 님의 사리舍利인가
이슬이 채 마르지 않은 이파리들
황홀한 서기瑞氣가 서려 있다
비바람치는 모진 날과
폭염을 건너온 땀방울들
오랜 수행修行에
닦은 공덕功德인 줄을

언뜻
내미는 붉은 손
성철 스님이 해진 옷깃을 여미신다

백련암 가는 길

가야산 깊은 골
가을보다 먼저와 길섶에 앉은 낙엽
푸른 시절은 언제였던가
벌레 먹혀 찢겨진 상처는
뒤안길에 묻어둔 욕망
내 삶인 것 같아
씁쓸한 부엽토 냄새가 배어온다
청명한 고요 백련암으로 흘러
속세의 물결도 억겁 속에 사라진다
스님들의 뒷모습이 해탈한 듯 빛나는 듯
해인사 대적광전에서 따라 나선 비로자나불
기쁨과 슬픔에 늘 속고 사는 내게
손가락 감싸 쥐고 죽비를 내리친다
한 티끌 그 가운데 시방세계 머금었고*
생로병사 깊은 번뇌 바람결인 것을

* 화엄일승법계도의 5절 중에서

부적 한 장

뜰에 핀 빠알간 맨드라미꽃
한 송이 꺾어 방문 앞에 붙인다
수술도 할 수 없고
백약이 무효라면
지푸라기라도 잡고 매달려보자

밤에 쏜 화살에 주술을 걸듯
먹구름 사이를 비집고 나온
붉은 해의 장엄한 제오방토살부*
욕망의 숲을 베어 버려라

사심邪心을 삼가고 정성을 다하라
그리하면
가뭄에 단비가 내릴 것이오
물고기가 물을 만날 것이로다
빨간 열대어가 꼬리를 친다

뒤엉킨 마음을 풀어 버리면
어둠 지샌 아침처럼 밝아지려나
간절한 내일을 맞이하려나

하늘과 땅 사이 숨통을 트고
남은 생生의 지도를 손에 잡는다

* 제오방토살부 : 나쁜 토살을 막고 집안을 평안하게 하는 부적

옹이

계룡산 관음봉에 소나무
한 그루
이 겨울 풍風을 맞고 쓰러져 있다
조카에게 얹혀사는 당숙처럼
절벽 참나무 여린 가지에 얹혀
슬쩍 바람이 일기만 해도
맞부딪친 상처
뇌출혈 같은 송진내가 낭자하다
누구를 돕는다는 것도
누구의 도움을 받는다는 것도
뼛속까지 새겨지는 아픔이던가
멍들고 슬픈 인연 옹이로 남아
흉터가 벌겋게 부풀어 있다

누가 내게
나 또한 뉘에게 등 기대려나
애처로운 옹이 풀어 주려나

계양산 무당골

징이 울린다
칼춤을 춘다

백기 꽂은 음산한 무당골
시루떡, 막걸리, 돼지머리
삼색과일도 호사롭다

계양산 무당골로 납신 대장군
인천 자유공원의 맥아더가 아니신가
빵이나 양주는 어떠신지
만신을 앞세우고 신장神將이 호령한다
등등한 기세에 죽어도 살아서
역사 속 장군들이 다 모인 무당골

천심이 민심이라 만복을 주신다니
오천만 국민들 통일되게 하소서
들어 주소서

가을 봉암사

붉은 봉황이 날개를 펼쳐 오르려는
백두대간의 희양산 자락
거대한 암괴岩塊로 머리를 우뚝 세운
오색 금단청 화폭을 펼치면
봉암사를 띠로 두른 계곡이
등천하려는 용처럼 꿈틀거린다.
사이 숲길로 망개 붉은 열매가
첫 사랑만큼 익어가고
다람쥐 한 마리 도토리를 입에 물고
두 손 모아 기원祈願한다.
속세의 근심걱정 모두 내려놓은
바위 밑으로 흐르는 정갈한 물소리
봉암사의 가을은
바람도 새소리를 보듬어 청량하다.
구릉을 타고 눈 뜬 갈대는
하늘을 이고 십 시왕의 업경業鏡을 보았던가.
탐욕으로 얼룩진 나의 몰골처럼
회한悔恨의 백발로 손사래를 친다

가득 찬 가을 나뭇가지 끝에는 이미

잎을 떠밀고 푸르게 발돋움하는 촉
그대 손가락 걸고 맺은 영원의 약속인가.

* 봉암사 : 경북 문경군 가은면 소재

한 발 물러서서

열려 있는 창문으로
참새 한 마리 들어왔다
푸드득 푸드득

뒤흔드는 공간에서
한 발만 물러서도
열려 있는 창문
제 세상인 것을

앞으로만 가려는 맹한
저 편견偏見과 아집我執
날갯짓 흘리는 깃털에
버둥대는 나의 고집스러움이
배어 있다

천방지축으로 날뛰는 욕망
하나쯤 버리고 한 발만 물러서서
보라 한다
더 넓은, 더 높은 세상을

겨울산

눈 내린 능선의 흐름을 따라
먼 산들은 하얀 물결
출렁이는 파도가 된다
파도를 타듯 미끄러지는 삶
평생을 다해도 못 채울 욕심이었나
털썩 주저앉은 성주산 산턱
힘찬 울림의 잔설 사이로
도를 닦은 스님처럼 수척한
나무들이 그려 내는 필선筆線
먹물 같은 내 가슴을 흔들어
백지 위에 뿌리면
바위와 소나무 필획筆劃을 긋고
넝쿨처럼 뻗어 나간 나의 횡보橫步
쓸쓸한 목숨의 유희가 되어
빈 가지에 맺힌다

밀어붙이기 한 판

개암이 익어 가는 굴태골
다락 논에는 벼를 심었는지
피를 심었는지
정부 없는 망국이다

군대를 막 제대한 오라버니
벼멸구도 먹지 않는 피를 붙들고
씨름을 한다 엎치락뒤치락
땡볕처럼 쏟아지는 매미 소리에
밀어붙이기로 한 판

지게에 샛별을 걸어 지고서야
달빛을 밀고 사립문을 들어서는 오라버니
힘겨운 판 승에 더위를 먹었는가
익모초 생즙에 도리질친다
'받아치는 목구멍으로 밀어붙여라'
어머니 성화에 다시 또 한 판

황금물결 출렁이는 들녘
허수아비야 춤을 춰라 참새들아 물러서라
천하장사 나가신다

갓난아기의 웃음

꿈속에서 무엇을 본 걸까
보조개가 쏘–옥
잠결에도 씽긋 웃음 짓는 갓난아기
풀꽃처럼 해맑은 볼웃음소리
까르르 터져 나올 듯
아기의 전생은 풀꽃이었더냐
비바람도 괘념치 않고
함빡 웃는 풀꽃

싫어도 무시해도 거리를 두지 않고
가슴 시린 슬픈 웃음
서로를 섬기는 존재가 될 수 있을까
갓난아기의 웃음 닿을 수 있을까

3부 · · · 눈알을 굴리는 살구

부평시장

고양이 뿔 말고
있어야 할 것들은 다 있는 시장
이슬을 털고 매무새 고친 열무는
겉절이 감으로 입맛이 살아난다
얼떨결에 구경 나온 통배추
눈뜨고 코 베일까 겁부터 낸다
풋고추에 톡 쏘여 돌아서려니
군침 고인 살구가 눈알을 굴리며
입덧하는 새댁을 꼬드기고 있다
때깔 고운 과일들이 발목을 잡는 좌판
임금님 머리통만 한 수박을
얼른 밀치고
술에 취한 빨간 자두가 다가오자
참외가 배꼽을 잡고 노랗게 웃는다
각처의 사투리가 모여들어 떠들썩한
밀고 당기는 구수한 흥정

삶이 누추할 때 부평시장에 오면
오늘이 부지런한 사람들
덤도 후하게 나를 벗는다

장바구니

시장 안에는
고향 내음 가득하다

타는 여름
싱싱한 푸성귀에 목마른 흥정을 한다
바다를 헤엄쳐 나온 고등어는
푸른 지느러미로 천 원짜리를
유혹하고
꽃게는 만 원을 물고 엉금엉금
장바구니 안으로 기어든다
덤으로 얻은 오이 두 개
인심이 후한 떨이 콩나물

두 팔 가득 단비처럼 쏟아지는
식구들의 입맛 소리
발걸음도 가벼운 땀이 솟는다

4차선에서

청명 한식 연휴의 나들이 길
1차선은 그런대로 흘러가는데
꼼짝 않는 4차선
줄 잘 타면 출세도 하고
줄 잘 서면 대박도 터진다고
복권 한 장을 쥐고 큰소리치던 친구
며칠 전 거짓말처럼 이 세상을 떠났다
1차선이 행운인 듯 마냥 달리다
마주오던 버스와 부딪쳤다
버스는 멀쩡한데 …
팔자에 없는 줄 잘못 선 것일까?
화창한 봄날이 아까워
줄 바꾸고 싶어지다가
막막한 길 그냥 가기로 했다
기다림도 때가 되면 꽃이 피고
사노라면 고생도 힘이 된다고

길가에 개나리 노랗게 내지르는 소리
그냥 그대로 살기로 했다

가시나무숲

아카시나무는 우쭐우쭐
찔레 넝쿨은 너풀너풀
탱자나무 울타리를 친다
하늘을 찌르듯
땅을 뒤덮듯
틈새를 채우려는 이복형제들
밤새 이슬 받아 키운 가시로
무법천지 팔을 뻗는다

옹이진 가슴에 뿔처럼 돋은 가시
곧추세운 더듬이로 찌르고 찔려
곪은 종기 터트리듯 속 트고 나면
가시나무에 이는 바람도 부드럽게
팝콘처럼 하얗게 퍼지는 향기

미움도 시기심도 연민憐愍이던가
어설피 건드리면 덧날 것 같은
먹구름 낀 날에는 상처가 쑤셔
빗소리로 울어 본다
형님이 그리워 뜸북새처럼

아우가 보고파 접동새처럼

소매물도 등대섬

발목을 바닷물에 푹 담그고
수천 년을 버티고 서 있는 저 뚝심

갈대와 쑥부쟁이를 쓰다듬으며
숨차게 오르고 있는 가을바람
엎드려라 낮추어라
고개 들어 볼 사이도 없이
허구한 날 오체투지五體投地

수평선 바라보는 청록 눈빛은
용궁의 첫날밤을 꿈꾸고 있는가
기도하듯 밤이면 홍등을 켜고
저 느긋한 기다림

깜깜한 밤 폭풍우도 두렵지 않은가
권태로운 긴 낮 또한 외롭지 않은가
처~얼~썩 볼기를 치는 파도
햇살에 부딪혀 쏟아내는 금싸라기
방울방울 꿰어 담아 화관을 쓰고
먼— 그리움으로 멍이든 고집불통

빌려 쓰기

‘종합보험에 가입이 되어 있습니다
사고시 범칙금과 차체 흠집에
책임지고 배상하시오’

움켜쥔 욕망들이 한꺼번에
우지끈 무너져 내린다
세상에 내 것은 어디에도 없다는 것
새삼 확인하며 각서에 사인하고
제주 공항에서 렌트한 승용차
인적 뜸한 곳에서 신호 위반 한 번쯤이야
마음 놓은 속도의 짜릿한 쾌감
아차!
앞 다투어 감귤이 옐로우카드를 내어민다

육신마저 잠시 빌려 사는 세상
돌아갈 때 돌려 줄 이 몸
무한정 배상을 내 어찌 감당할까
멈춰라
동백꽃 빨갛게 불 밝히는 서귀포

향나무 농원에서

풍성한 나뭇가지들을 자른다
수세미 장수 배씨의 두 다리를
사고로 절단할 때 내지르던 절망처럼
투욱 투욱 떨어져 내리는 나뭇가지들
잘라내는 건
다듬어 아름답게 가꾸는 거라고
좌판을 배로 밀며 찬송가를 부르는
배씨를 보며
그리 말할 수 있을까
병아리 같은 딸이 둘
그의 삶 전부로 매달린 꽃망울들이다
아프지 않고 피는 꽃이 어디 있으랴
저의 죄를 용서하시고…*
잘라낸 상처를 딛고
공작새가 되고 부엉이도 되어 날개를 편다
뒤뚱뒤뚱 달리는 타조 한 마리
거북이는 목을 움츠리고
향나무 동물들이 운동회를 한다
자르지 않은 나뭇가지들
진종일 팔 저어 응원을 한다

배씨도 함께 응원가를 부른다
오늘 저이에게 일용할 양식을 주시고…*

* 주님의 기도 인용

두통

불쑥불쑥 찾아와
멱살을 잡는다
머리통을 쥐어박듯
아득한 어둠의 바다에 파도가 인다
태풍이 몰아친다
침도 못 넘기고 멀미가 난다
천둥번개 번쩍이며 칼침을 긁듯
은밀한 뇌낭종 허울을 쓰고
청명淸明한 하늘 아래 마냥
귀신처럼 달라붙어 구토를 한다
사지에 뜸을 뜨고 침針도 놓고
약도 먹고 푸닥거리도 해보았건만
잔디밭에 주저앉은 봄 햇살처럼
한 치 앞도 물러설 낌새가 없다
어찌하랴 팔구 년 고락을 함께 했으니
소나기 한 줄금 퍼붓고 나면
미운 정도 정인 것을
그냥 친구 하기로 하자
머나 먼 길 동무삼아 함께 갈 친구
저승 문턱 넘나들다 보면

고통의 순간도 얼마나 아름다운가를
알 것 같다
밤새 출렁이던 강물이
온종일 왜 소리 없이 흐르는가를

아들의 입영入營

늦둥이로 얻은 아들
손바닥을 맞대고 크기를 가늠하며
얼마큼 커야 품에 꽉 들어찰까
까치발 치세우고 키를 재던 조바심
실바람에 감기 들세라 꿈결에도 보듬고
한 발자국도 어미 곁을 떠나 본 적 없는
솜털조차 벗지 못한 아이로만 여겼는데
입영을 한다

토끼 같은 먹성이라 기린처럼 긴 목으로
홀로 서기 두려운지 큰절하며 웃는 아이
새삼스레 바라보니 아빠보다 더 크다
갈대처럼 흔들리는 어미를 안고
대한의 남아라고 어깨를 으쓱 편다

[동해 안인진 잠수함 간첩 26명 잠입]
날벼락치는 속보가 귓전을 때린다
머지않아 엄동설한도 시작되는데
산고의 진통이 되살아나는

입영소 운동장에
탯줄을 끊듯 칠백구십 일을
떨어져 있어야 하는
내 아들아 부디 건강하여라
시린 가슴에 뜨거운 기도

제주도 기행

8200m 상공
흰 구름은 한 무리의 백로
날개를 접으면
창공은 푸른 바다가 된다.
조각배처럼 떠가던
비행기는 제주공항에서 삿대를 접는다.
렌터카로 조랑말을 달리듯
성산포, 외돌개, 서귀포, 산방굴사
드센 해변 바람이 짓눌린 어제도
숙제 같은 내일도 다 날려 버렸다.
송판악, 모슬포, 용두암, 산굼부리
분화구 갈대숲을 헤매던 사슴 한 마리
백록담을 오르려다 길을 잃었나.
입구에 장승처럼 먼 산을 살핀다.
한라산에 눈이 함빡 내려
송판악도 어리목도 모두 다 막혀버린
하얗게 염불 외는 여백 위로
법어처럼 꼿꼿이 하늘 우러른 나무들
자국마다 빰을 맞아 붉게 익은 동백꽃
얼얼한 볼을 잡고

처~얼~썩 저만치 파도가 친다

청령포
–뱃사공의 이야기

단종의 비각이 바람에 외롭다

예순여섯 산봉우리
철갑을 두르고
남한강 지류로 서강이 삼면
그물처럼 둘러쳐진 천혜의 귀향지다
두 팔 벌린 관음송 단종이 오열하듯
자규시子規詩 한 소절에 비가 내린다
강물보다 지세가 얕은 청령포
장마철 밤이 되면 물 넘칠까
좌청룡 물 퍼마시는 소리 어둠을 흔들고
관판정에서 바가지에 밥 담아 띄우면
우백호는 물결을 거슬러
허기진 단종에게 전해 주었다는
뱃전을 싸고도는 충신 같은 송사리 떼
꿈속에 단종으로부터 산삼
열두 뿌리를 얻은 효부 김이분
단종을 추모하는 대원각을 세웠다네
애처로움 없이 어찌 끝없는
사모의 길 바라볼 수 있으랴

홍솔 마른 잎새 목 놓아 울다 지친
발걸음 걸음마다 이는 부엽토 향기

017-547-1717

네가 떠난 지 오늘로 백 일
습관처럼 017-547-1717 번호를
누른다

"힘들지 용기 잃지 마"
수시로 하는 통화
"한 고비 넘겼어 걱정하지 마"

이틀이나 네 목소리 듣지 못해
발만 동동 구르다 또 하루는 가고
해질녘이 다 되어
"누니 보고시다"
혀가 굳어 어눌하게 들려오는
그 말이 마지막이 될 줄이야

신호음이 건너간다 가슴이 뛴다
이승일까 저승일까
'여보세요' 낯선 목소리
낭떠러지로 떨어지듯 아찔한
생살을 도려내면 이리 아플까

주리에 틀린들 이리 괴로울까

너를 앞세우고
거스름 받은 내 삶인 것 같아
내 동생 훈아 미안하구나
가을 하늘 쳐다보기 부끄럽구나

가뭄으로 영글어진

30도를 웃도는 여름날 오후
나뭇잎은 시들어 허옇게 떨어지고
풀잎은 바스스 마른 소리를 낸다
잉걸불에 찌개처럼 강물도 졸아드는
갈라진 논바닥의 아린 통증
내 사랑도 이처럼 목말랐던가
사랑 없이는 못 산다고
미움과 원망으로
이틀 밤낮을 펑펑 울었다
맺힌 서러움 하늘에 닿은 것일까
푸념만큼이나 쏟아지는 빗물
가슴에 맺힌 오물까지 싹 쓸어간다

고통도 기다림도 애증인 것을
가뭄으로 영글어진 향기
시련으로 옹골찬 달디단 열매

낙화암

삼천궁녀 날리는 치맛자락
들국화로 애흔哀痕처럼 절벽에 피어
노랗게 토하는 비명悲鳴
눈이 저리다

고란사 종각 아래
대금 부는 젊은 스님
끊어질 듯 이어지는
회색장삼에 젖은 가락
사랑도 충절도 부귀영화도 속절없어라

갈바람에 흔들리는 새하얀 갈대
강기슭을 배회하는 백마의 갈기인가
계백장군 간 데 없고 빈 말만 달려온다

부채

문갑 속에 낯익은 얼굴 하나
창호지로 가린 속살은 꼿꼿한
담양 선비의 뼈대가 분명하다

콩기름으로 꼭꼭 저며
무병장수 빌었건만
선풍기 날개에 떠밀렸느냐
에어컨 바람에 얼어붙었느냐

밥상머리에 파리 떼도
종아리 뜯던 흡혈귀도
시원시원 너를 불러 물리쳤느니
훈장처럼 손때 묻은 너의 공로를
세월이 변했다고 잊을 수 있겠느냐

퓨즈는 끊어져 정전은 되고
시커멓게 덮쳐 오는 무더위 속에
징 치고 피리 불며 모기 떼 몰려드니
지옥으로 연옥으로 끌려 다니다
미라처럼 순장한 너를 급히 깨우노라

장작불로 활활 타던 샛별마저도
산그늘 개울물에 미역 감은 듯
푸르른 네 숨결로 꿈길을 연다

쑥뜸

쑥봉에 불을 붙인다

의사도 모르고
약도 없는 병이라면
귀신 모르게 불을 지피자
사지 열한 군데 쉰다섯 번
지글지글 하늘도 노랗게
땅도 까맣게

삼백예순 날 아직도 부글부글
피가 끓는다
미움도 원망도 청춘까지도
한 올 연기로 날려 버리면
속절없이 살아 온 서툰 나날들
다시 한 번 생의 기회를 주려나
사랑하고 싶다 시지프스를

풍랑 거센 바다에도 등대가 있듯
부처님 하느님
오!
어머니

호상好喪

손자놈을 붙잡고 야단을 친다
말끝도 다 맺기 전에 아들의
헛기침 소리
멀쑥해진 할머니는 뒷걸음치며
-말이 그렇다는 거지 뭐-
담배 한 가치를 손에 든 채
슬그머니 베란다로 나아가
시린 가슴에 불을 붙힌다
네가 자식을 감싸듯
나 또한 너를 그리 키웠건만
묵은 잎이 나뭇가지에 매달려
수레바퀴 한쪽이 기우뚱
충격을 준다

강아지가 짖어도 고깝기만 하고
떡국 먹기도 눈치 보인다던 할머니
황톳길로 떠나신 빈소에
장땡을 잡고 웃음꽃을 피운다
영정의 할머니도 따라 웃는다
가슴에 휑 바람이 인다

4부

굴렁쇠를 굴리는 동네 큰 마당

석양

술지게미 퍼먹은
아홉 살 준호 얼굴
밀주 단속 나온 관리를 피해
달아나다 넘어진
허기진 보릿고개
무릎에선 노을처럼 피가 번지고
굴렁쇠를 굴리던 동네 큰 마당
아이들은 '무궁화 꽃이 피었습니다'
진종일 어디에 숨었던 것일까
겸연쩍게 웃으며
불쑥
저녁 밥상머리에 다가앉는

소화불량

종로 삼가 청솔 갈비집
초등학교 동창들이 왁자지껄
삼십 년 만의 웃음꽃이 용마루를 넘는다
별명이 빤돌이 혁규는 사장
선비 도토리 희원이는 교수
미꾸라지 기철이는 시의원이다
새벽 별처럼 사위어 가는 기억 속에
나는 장군이 되고 싶다 했던가
장군은커녕 똥장군도 못된 나는
술래로 숨고 싶어
납작 엎드려 갈비만 뜯는다
쉼표도 없이 달려온
머리끝에 걸린 허방 같은 지천명
벌겋게 열이 오르고 빙빙 하늘이 노랗다
반짝이는 그들 앞에 바람 든 허파들이
쓸개를 빼 버리고 너스레를 떤다
울컥 토해 버리고 싶은 세월
마침표는 어디쯤 찍어야 하나

무중력으로 버틸 수 있는 힘

술잔에 우주를 채워 올린다
건강을 위하여!

강물소리

혼자 있을 때
음악 속 숲길을 따라 나선다
잡목 사이로 눈을 감으면
물소리 함께 흐른다
강물 속에 있는 작은 돌멩이
하나씩 주워 보면
물수제비 따먹던 개구쟁이들
어디서
이 물소리 듣고 있을까
여울물에 목청 돋워 부르던 노래
버드나무 늘어진 가지 사이로
허리 굽은 초승달 서산을 넘으면
반딧불이 꽃등을 켜고
은빛으로 더욱 반짝이는 별
음률을 따르는 지휘봉처럼
적막 속에 무수히 빗금을 긋고
흥건히 가슴 적시는 강물의 노래
귀를 담그면
혼자는 혼자가 아니다

굴밭

을왕리 바닷가 굴밭에는
자국마다 찢겨 나간 상처투성이
어쩌다 살아남은 굴 하나
깨물어 속살을 입에 넣으니
파도가 언니를 부르는 소리

괴산 장날 어머니가 사 오신 어리굴젓
아버지 젓가락에 집혀 있다
향긋하고 짭짤한
먹고 싶어 꼴깍 침을 삼킨다

어리굴젓 찾느라 부엌으로
살금살금
언니랑 둘이서 훔쳐 먹고
밤새껏 물을 들이켰던

아직도 간기 밴
어리굴젓 그 맛
바닷가 굴밭에 언니가 있다

큰언니

키가 작은 큰언니
2월 같지요
종달새의 노래도
개나리 꽃망울도
3월에게 다 주고 비켜서듯
아무도 눈치 채지 못하게 먼 길
떠난 뒤
보이지 않던 것, 하지 못한 말
듣는 듯합니다
세상 누구든 마음의 문
다 열고 살지는 않겠지요
가슴속에 묻어 둔 큰언니
사랑한다 말하기가 울기보다 힘들고
그리워하는 것은 잊기보다 괴롭습니다

2월 앞에 다가서면
물오른 달빛
긴 그림자 드리우고
잰 발로 푸르러지나이다.

황혼

희끗희끗 은발 머리
오십여 년의 세월을 건너
초등학교 소풍가던 바로 그때처럼
동창생들과 여행을 떠납니다
비행기를 타고 버스를 타고
얼마 전 멀리 떠난 친구도 있어
애잔히 잡은 손길 안쓰러워 보듬고
광자야 남헌아 영희야
뿌옇게 녹슨 이름들이
나풀나풀 풀잎처럼 피어오릅니다
세월 속에 조각난 추억들
하나 둘 더듬어
꿰어 맞춘 퍼즐 그림 한 폭 놓고
호호 하하 그래그래 맞다 맞아

뜨겁게 부딪치던 말괄량이들도
산마루에 걸터앉은 순해진 노을
찬 서리 비바람도 꽃으로 피어
먼발치 구름에 물드는 황혼

애물단지 1

푸른빛 붉은빛 양단 고운 빛
'시집가서 잘 살거라. 해로 하거라'
길일 잡아 꿰매 주신 어머니처럼
포근한 목화 솜이불

가난한 살림 넉넉히 자리를 지켜주고
시집살이 고달플 때 힘이 되어준
추운 겨울 떨면서도 아껴 둔 솜이불

세월에 눌려
이제는 짐을 풀어놓아도
또 다시 짐이 되는
장롱 속 덩치 큰 솜이불 세 채

목화송이 피어나듯
어머니 사랑이 올올이 배어
함부로 버릴 수 없는

애물단지 2

베란다 구석에 옹기 항아리
웅크리고 앉아 졸고 있다

한때는 볕 좋은 장독대에서
어머니가 섬기듯 닦아주던
의젓한 풍채
이삿짐 옮겨갈 때마다
비좁은 자리에 몸살을 앓고 있다

'장맛은 항아리 맛' 이라던 세월 저편
그에게선 어머니 냄새가 난다

어머니 아니 계신 지금
이리 저리 밀치다 깨어질세라
그와 나 사이 금이 갈세라
쓸모없어 등 돌리다 다시
보듬는

눈 내리는 밤

소리를 더욱 크게 듣습니다

얘들아 모여라!
안채 사랑방
장작불을 꼭꼭 눌러 담은
화로에 고구마를 묻어 놓고
누이는 관솔불을 밝혀
짠지광에서 김치 두어 폭
손을 호호 불며 끄집어 왔지요
"김치도 겨울 양식이란다"
걱정하시는 엄마 몰래

무서리 가자!
후다닥 잽싸게 모인 꾸러기들
무 껍질 수북하게 트림을 하고 나면
등잔불에 기름이 졸아드는 소리
훔쳐 먹은 발자국을 눈감아주듯
스르륵스르륵 눈이 내렸지요

지금도 눈은 내리는데

소나기

갑자기
후다다닥, 어딜
급히 가는 걸까

우르르
청개구리 목청 돋우고
느닷없는 몰매에
정신 번쩍 차린 풀잎

열려 있는 장독대
……
시어머님 불호령이 번개를 치는

아무리 불러 봐도

1204호 아줌마가 아닌
김병수 씨의 마누라가 아닌
주환이 엄마가 아닌
괴산댁이 아닌
사라진 종소리 같은
이름이 내게도 있었던가

하굣길에 남학생들이 뒤따라오며
방자야- 하고 부른다
첫 말은 어물어물 뒷말은 명확하게
광자, 미자, 명자, 복자, 숙자, 정자, 춘자
합창하듯 대답한다

뽀얗게 먼지를 가르며
짓궂게 맹- 자야 -
또 다시 까르르 돌아서는 자야들

가난을 꿰매다 잊어버린
불러 주는 이 없어
들어도 낯선 내 어릴 적 이름

가시 넝쿨에 매달린 까치밥 같은
할미로
어미로
깊게 숨어 버린 이름들

파도

물길 따라 가다 보면
하늘 닿는 곳
얼마나 고운 사람 두고 오기에
드러내어 바다는 통곡하는가

갈매기도 날 수 없는
수평선 그 너머
말 못할 그리움 품고 있기에
뱃고동을 삼키듯 가슴을 치나

애도래라
한숨처럼 바람이 분다
못 잊어 못 잊어 사무친 사연
분노로 솟구치다 맥없이 주저앉아
하얗게 부서지는 내 순결이여

부딪치고 뒹굴다 돌아서서
멍들도록 새파랗게 울어도 본다
깨어져 후련한 해후의 자리
잠시 머물다 비워 놓은

아!

한 시절의 젊음이어라

운명

절골산을 오르시던 아버지
“세상이 참말로 아름답구나
나뭇잎, 돌멩이, 새 소리도”
음택陰宅을 보셨던 것 아니신지요

지난 세월은 봄날의 한낮 꿈이었던가
조실부모하고 형님 찾아 만주벌을 헤매던
등이 시린 아버지
뿌리 내린 고향에서 백 년도 짧다시더니
꿈을 놓으신
두 눈 감은 비장悲壯함이여
고희도 다 채우지 못하시고
수고愁苦를 떨쳐 버린 안락함이여

숱한 환란 용케 견뎌 내신
이 세상 여행 끝낸 드라마 한 편
억겁의 인연을 눈물로 풀어 놓고
침묵의 바다로 떠나십니다

찔레나무 열매

농협 빚 갚고 나면
남는 게 없는
눈 내리는 드물머리골

노총각 아들 녀석
연변 처녀도 좋은디
빚만 남은 농촌에
빛이란 없는 걸까

농사를 지으려면
씨앗은 남겨야지
찔레나무 덤불에 멧새들
모여들어 맺히도록 피가 끓더니

새 떼 앉은 자리마다
붉은 씨앗
오매!
참말로 고운 열매

변명

산골에서 태어난 내가
공수봉 골짜기의 나무였다면
산새 둥지 틀 고목이나 되었을까

비탈밭 둔덕에 내가
만약 나무라면
뙤약볕에 김을 매는 우리 형님
잠시나마 땀들이게 그늘이나 되었을까

잡목처럼 자란 내가 나무였다면
허리 굽은 할아버지 지게에 얹혀
컴컴한 아궁이로 선뜻 들어가
불꽃 한 번 활활 타보았을까

서릿바람 옷섶을 파고드는 저문 날
해탈한 듯 알몸으로 달게 웃는 나무
나무만도 못한 나는
마냥 변명하고 싶다 나무였다면

◉ 해설 ◉

청빈한 줄탁의 생명적 시정詩情

문광영(경인교대 교수 · 문학평론가)

상생의 경계에서 피워내는 열락의 이미지

우화등선羽化登仙
굼벵이도 꿈틀대는 영겁의 길 위에
반딧불이로 별을 대적하듯
꿈 하나
내 꿈 하나 못 키우랴

—「순환선을 타면서」 부분

김순자 시인이 『풀잎은 누워서 운다』(2004, 메세나)에 이어 두 번째 시집을 내놓게 되었다. 늦깎이로 등단한 시인이지만 그의 시 쓰기 열정은 대단하다.

14년 전, 필자를 만나 시를 배우러 왔을 때, 과연 시인이 되는 꿈을 꾸었을까. 그리고 언젠가, 맺힌 마음을 글로 풀다보니 병마로부터 견뎌낼 수 있었다고 한 말은 과연 사실일까. 위 시에서처럼 그는 "반딧불이로 별을 대적하듯/꿈 하나/내 꿈 하나 못 키우랴"라는 열망으로 줄기차게 시 쓰기를 하고 있는 듯하다. 이 시구를 읽으면서 가슴이 뭉클했다. 고희를 앞에 둔 나이에, 그리고 건강도 좋지 않은데, 그토록 열심히 글 작업에 몰두하는 힘은 어디서 나오는 걸까. 뱉어내지 않으면 안 될, 뿜어내지 않으면 안 될, 그 어떤 심연의 열정에 경외심을 갖지 않을 수 없는 것이다.

"반딧불이"와 "별"사이의 수직적 경계 공간은 너무나 넓다. 그러나 김 시인에게는 두 대상이 결코 먼 관계가 아니다. 적어도 어둠 속에서 두 사물은 불빛으로 마주하듯 그들은 가깝게 있는 것이다. 반딧불이의 빛이 별빛이 되듯 이미 그가 시인이 된 꿈을 이루었듯이 가까운 것의 관계가 아닌가.

시적 예술미는 바로 반딧불이빛과 별빛을 끌어들이면서 내면에서 촉발되는 기氣의 산물에서 탄생한다. 곧 시인과 객관 사물, 물아의 일체, 정情과 경景이 만나는 자장의 정신적 힘, 곧 줄탁의 에너지가 생기하는 경계 지점에서 비롯되는 것이다. 줄탁은 상생의 정신이고, 이 상생의 자장이 존재하는 곳을 불가에서 말하는 경계境界, 또는 의경意境이라고 한다. "모든 경계에는 꽃이 핀다."(함민복 시집명)고 했듯이. 시가에 있어 경계의 자장이 크고 심오할수록 감동의 울림은 깊어지게 마련이다.

이런 시적 경계의 충만한 열락의 시적 공간을 보여주는 시가 「벚꽃」이다.

아 글쎄 물오른 벚나무 고년이 고 새침한 년이 잽싸게 분홍 빛으로 온 동네를 와장창 열어 제치고 화들짝! 수작을 부리는 게 아니겠어 불여우 같은 앙큼한 년 그러니 부처가 아닌 담에야 어느 남정넨들 안 넘어 가겠어 망측하고 발칙한 년 풀풀 암내를 풍기며 살살 눈웃음을 치는 맹랑한 고년 살랑살랑 치맛자락 눈부시게 고운 고년 정말 환장하겠구먼 고 깜찍한 년 달님도 홀렸는지 실실 웃고 있었어 누구든 후려내는 참말로 얄미운 고년 깨물어 주고 싶은 예쁜 년 미치도록 고년 한번 꼬옥 품고 싶은 밤이었어

—「벚꽃」 부분

밤 벚꽃을 보고 쓴 시이다. "벚꽃"을 "고년"으로 의인화한 표현이 매우 재미있고 익살스럽다. 충만하고 화사한 꽃의 이미지를 에로틱한 묘사로 드러내고 있다는 것은 벚꽃이라는 대상이 생명적 극치를 보여주기 때문일 것이다. 이런 열락과 같은 기쁨의 시정은 시인 단독자로서 절대 얻지 못한다. 희로애락 특히 기쁨과 같은 감정은 결코 독자적으로 생겨나지 않는 법, 다른 대상이 함께 수반될 때만이 시적 기쁨의 세계, 열락의 공간에 도달할 수 있다. 기쁨과 열락의 세계를 이루는 필요충분 조건은 바로 '동질同質의 소성素性'을 인지할 때이다. "벚꽃"이 핀 이미지를 "고년"이란 여성으로 보는 이 '소성의 동질성' 공간, 그 경계에서 만이 이런 열락의 시정을 읽게 된다. 마치 연인들 간 사랑의 교감과도 같은 것, 그런 감정으로 본 벚꽃의 정경이 이 시의 핵심이다.

시인은 사람이 아닌 사물 관계의 줄탁 속에서 기쁨과 열락의 세계를 만끽한다. 만물과의 교감, 가령 내가 피나무가 되거나 들풀이 되거나, 무정물이 유정물이 되는 일체 무차별상의 세계, 곧 물아일체의 세계에 있을 때 이런 시적 기쁨, 충만한 감동이 탄생하게 되는 것이다.

여타의 시인들도 만물 대상을 통하여 가치 추구욕의 기쁨을 얻는다. 아니 김 시인도 이와 다르지 않다. 그가 시적 대상으로 자연의 황혼을 볼 때나 산 중턱에 핀 야생화와 조우할 때 등 대상 자체의 감각적 반응으로만 교섭하지 않는 것이다. 여기엔 필시 과거의 생각이나 경험 내면의 이상적 가치와 순간적으로 맞물리면서 기쁨과 같은 정서가 묻어나온다.

'잠들지 않은 꿈은 희망' 이라던가
검은 콩과 한 몸이던 시절을
오선지에 그려놓고 노래하는
마이클 잭슨
열정의 몸짓이 한恨처럼 슬프다
맹물만 먹고 지탱한 삶
검은 껍데기를 벗으려 온 힘을 다한다.
흰 족속이 빛나는 세상
희생 없는 성공이 어디 있으랴
하얗게 부르짖는 쥐눈이콩의
발돋움

—「쥐눈이콩나물」 부분

위 시에서 보듯 쥐눈이콩나물과 시적 화자의 경계를 보라. 쥐눈이콩나물의 생태적 삶을 "희생 없는 성공"으로 보는 시선의 깊이, 쥐눈이콩의 발돋움의 생명력을 보는 시각이 참신하지 않은가. 이런 상생의 줄탁에서 벌어지는 충만한 생명력은 시인의 참된 삶의 의지와 결부된다고 할 수 있다. 이러한 열락의 시정은 때로 화해와 융합의 시원始原적 이미지로 드러나기도 한다.

일찍이 키에르케고르Kierkegaard는 사람의 실존을 "나와 나 자신이 관계하는 것", "나 자신과 관계함으로써 하나님과 관계하고 이웃과 관계하는" 구조로 본 바 있다. 그리고 메를로 퐁티는 "세계는 나의 신체의 연장물"이라 했는데, 바로 김 시인의 시는 그대로 자연적 사물과 내면이 자연스럽게 결합되면서 "세계와의 얽힘"das in Welt Sein의 시정, 열린 꼴로서의 자연친화적 시학을 보여준다. 생명의 샘물이자, 또한 삶의 갈증이 되어버린 내밀한 줄탁의 시적 담론은 늘 블랙홀처럼 생명성과 충만함 내지 황홀함과 신비로움으로 가득 차 있다.

먼저 봄의 시편들에서 선택된 소재들은 상생相生의 생명적 이미지로 처리되고 있다는 점에 주목한다. '상생의 줄탁', 자연 소재의 생명력이 밖에서 오는 줄탁이라면, 그의 뿜어내지 않을 수 없는 내면의 형이상학은 안으로부터의 줄탁이다. 안쪽에서 밀어내고 바깥 쪽에서 쪼아내는 경계의 시학, 시인은 그 속에서 충만한 환희의 축제를 노래한다, 허지만 때로는 그 경계의 시정에 외로움과 인생무상의 숨결도 깔려있다.

다리에 힘 올라 스스로 서라
봄날 천지가 들썩인다
비바람에 주눅 들어 웅크린 어둠도
손뼉 치듯 햇살이 환영을 하면
꼬눠꼬눠 꽃이 피고
꼬눠꼬눠 열매 맺고
버둥대며 스스로 서고 스스로 지는
살아가는 단 한 번의 모든 순간들
외롭지 아닌 삶이 어디 있으랴
나눌 수 없는 사랑이 어디 있으랴
온누리를 따뜻하게 채워지는
봄, 울림

—「줄탁」 부분

봄이 오면 그 어느 누구가 봄을 예찬하지 않겠는가. 봄의 들판을 누비는 햇살과 바람, 생동하고 발기하는 생명들 앞에서 그 어느 누구가 함께 자연과 화합하지 않을 수 있는가. 햇빛과 들풀들, 그리고 땅의 나무, 들풀과 들풀들, 자연과 사람들, 이들 사이엔 생존의 투쟁이 아니라 생명 공존의 존재 이유를 가진다. 버둥대며 살아가는 그들의 삶은 무겁지만, 그리고 순간을 살아가는 그들은 외롭기도 하지만, 상부상조의 줄탁의 생명력을 지닌다는 것. 여기에서 시인은 모든 생의 원천과 사랑의 조건이 교감과 화합을 이루는, 줄탁의 생명력에 있다는 것이다. 우주 속의 "꼬눠꼬눠 꽃이 피고, 열매 맺고"하는 것이 아주

짧은 "살아가는 단 한 번의 순간들"이지만, 무한한 생명력으로 꽃을 피우고 향기를 내어 벌을 끌어들이고, 또 벌은 꿀을 얻지만 꽃가루를 날라 번식시킨다는 것. 이런 생명적 줄탁의 경계에 시인의 시적 사유가 빛을 발한다.

세력을 넓힌다
쑥은 쑥대로
잔디는 잔디대로
으름장을 놓듯 망초는 키를 세우고
질경이는 오기로 깊게 뿌리를 뻗는다
다수가 옳다고 우기지 마시라
끼리끼리 속에도 틈새는 있고
용기가 있는 곳에 빛은 들게 마련이다.
햇살을 잡고 함께 살아가는
앉은뱅이, 민들레, 꽃다지, 별바라기…
따사롭게 그들을 호명하는 언덕에
사방 천지 온통 봄꽃이 핀다.

—「경계의 축제」 부분

틈새, 경계의 자장 안에는 늘 새 생명의 탄생과 울림이 있고, 카니발과 같은 환희의 기운이 있다. "사방 천지 온통 봄꽃이" 피는 들꽃의 교향악 같은 울림 속에서 시인은 인간들의 생명적 세계와 자신의 삶을 반추해낸다. 들꽃마다 제각기 표정이 다르고 갖가지 모양새는 물론 생장 방식이 다르다. "쑥은 쑥대로/잔디는 잔디대로/으름장을 놓듯 망초는 키를 세우고/질경이는 오기로 깊게 뿌리를 뻗는다"고 했듯이, 사람의 면면도 이와 같지 않은가. 그리고 또 시인은 "용기가 있는 곳에 빛은 들게 마련이다"라고 덕담을 늘어놓는다.

흔히 봄에 피는 야생초들은 줄기가 자라고 잎이 나오기 전에 꽃을 먼저 피워낸다. 여기엔 야생초들의 수천 년 지난 세월의 지혜가 숨어있다. 그들이 꽃을 먼저 피워내는 이유는 큰 식물들이 잎을 내어 햇빛을 가리게 되면 번식을 할 수 없기 때문이다. 척박한 환경에서 나름대로 터득한 생장 방식, 그러나 그들은 서로를 필요로 하는 관계 속에서만이 생장할 수 있다. 번식은 물론 바람을 막아 주고, 오랫동안 수분을 유지시켜 주고, 안분지족 서로의 위치를 지켜가며 상부상조하고 있는 것이다. 그래서일까. 김 시인은 잡초라 업신여기지도 말고, "이름 두고 함부로 뽑아내지 마시라"고 경고까지 풀어 놓는다.

김 시인은 이렇듯 충만한 자연의 미시적 소재들을 중심으로 삼아 소통과 교감의 주제를 드러낸다. 여기에서 늘 자연의 소재들은 자아 내면의 경계에 있다. 그런 가운데 투사와 동화가 필연적으로 등장하고, 비유와 상징 등 갖가지 수사가 동원된다.

가령 시 「넝쿨장미」에서는 넝쿨장미를 시집 온 아낙네로 치환하여 "가시넝쿨 속에 새끼를 품고/풍진 세월의 경계를 허물며/한 잎 두 잎 화들짝 세상을 연다"로 신선감 있게 묘사되고 있다. 그리고 「옹이」에서는 소나무가 참나무 가지에 얹혀살면서 상처를 받아 "멍든 슬픔 옹이로 남아" 흉터로 부풀어 있는 모습을 보고, "나 또한 뉘에게 등 기대려나/애처로운 인연 줄잡아" 줄 것인가 하는 등 의지나 염원 상태의 상생적 시정을 담아내기도 한다,

성속불이聖俗不二의 생명적 깨달음

인간의 삶이 육신과 정신, 물질과 영혼으로 이루어졌다는 사실을 감안한다면 문학이나 시의 테마가 현실의 세속성과 피안의 신성성의 변증법적 갈등을 바탕으로 전개된다는 것은 필연이라 할 수 있다. 그런데 김순자의 시에서는 세속적 현실이나 자연이 대부분 생명적 시정으로 치환되거나, 아니면 불가적 깨달음으로 형상화된다는 데 있다. 그래서 그의 시야에 들어온 시적 소재들은 성聖의 상징물이자, 불교적 혹은 선禪적 세계가 융합된 성속불이의 담론으로 전개되거나 번뇌나 열반, 초탈의 이미지로 승화되는 양상을 보인다는 것이다.

내가 아는 김 시인은 불교 신자가 아니다. 그저 절에 가면 성인에게 경의敬意를 표하듯 합장이나 할 정도이고 성당에 나간다는 범부적인 종교관을 지니고 있다. 고향이 충북 괴산으로 시골에서 자란 탓인지는 몰라도 그저 천성이 순박하고 온순한 지라, 행동면이나 사고, 사물을 바라보는 시각도 부드럽고 청순하다. 그래서 그의 소재들은 평범하고 자연적인 것이 많고, 우리 주위에서 경험하는 것들로, 하찮고 보잘 것 없는 것들과 소통을 이뤄낸다. 허지만 김 시인은 "한 송이 들꽃에서 천국을

본다"고 했던 브레이크의 말처럼, 소재와 접하는 시적 통찰이나 상념의 경계에서 빚어내는 줄탁의 힘은 크고 넓다. 하나하나의 생명체 속에서 자신과 연결된 인생의 모습과 불가적 우주의 섭리를 찾아내어 형상화하고, 때로는 희화적 기쁨과 인생무상의 회억을 그려낸다. 때로는 묘오妙悟의 극치에 이르는 깨달음의 세계로 점철되어 있는 것이다.

뼈 한 마디 없이
꼿꼿하게 속 비우고 대파
대사님이 되셨나
머리엔 하얗게 우담바라 피고
무심설법 하시려나
법고法鼓를 치는 쪽파보살
벌, 나비, 풍뎅이 신도들이 모여든다
법문을 듣고 있는 신도들 틈에
나도 꿇어 엎드린다
잡초 뽑으러

봄날 파밭은
해만 뜨면 야단법석

—「파밭」 전문

시 「파밭」은 전체가 불교적 상념으로 형상화되어 있다. 그리고 여기에서 시적 화자는 자연경도의 생명적 투사와 동화로 활

발한 교감의 상상력을 보여준다. '쪽파' =보살과 '대파' =대사가 각각 해학적 언어유희pun와 더불어 비유 체계를 이루면서 파밭에 대한 묘사가 정겹게 드러나고 있다. 무엇보다 이 시는 생명적 자연의 상생적 힘을 극명하게 보여준다. 진화론적 시각에서 생물학적 자연의 생태계는 종의 보존을 위한 투쟁의 공간이다. 시인은 여기에 형이상학의 불교적 이미지로 치환시킨다. 대파나 쪽파들이 서로 꽃을 피우고 벌과 나비가 드나드는 환희의 자연 공간이 분주하게 그려져 있다. 파밭도 파밭이지만 마치 산사 스님들의 수행법을 보는 것 같다,

그의 이러한 성속불이의 불교적 시관은 충족과 결핍의 정서로 나누어진다. 위의 시들에서처럼 봄의 생기와 같이 충만한 자연 세계에서는 충족의 정서를 드러내지만, 때로 그 자연 세계가 결핍 상태에 있을 때는 인생무상이나 윤회적 정서에 쏠린다. 전자가 상생의 상상력으로 자연의 생명적 외경심에 구심점으로 끌려들어가는 구조라면, 후자는 성속불이의 윤회적 상상력으로 무화無化 내지는 인생무상의 시정을 드러낸다.

어느 님의 사리舍利인가
이슬이 채 마르지 않은 이파리들
황홀한 서기瑞氣가 서려 있다
〈중략〉
손가락 펴고 내미는 붉은 손
성철 스님이 해진 옷깃을 여민다

—「단풍나무」 부분

벌레 먹혀 찢겨진 상처는
뒤안길에 묻어둔 욕망
내 삶인 것 같아
씁쓸한 부엽토 냄새가 배어온다

—「백련암 가는 길」 부분

훌라후프를 돌리듯
둥글게 살아난다
살아간다

한 생의 끝은 다음 생의 시작이고
이승의 시작은 전생의 끝이라 했나
시작도 끝도 없는
윤회의 고리

—「순환선을 타면서」 부분

위의 시들 모두가 불가적 인생무상 내지 윤회의 상상력으로 점철되어 있다. 시 「단풍나무」에서의 빨간 단풍이 너무나 농익어 "사리舍利"로 읽혀지고, 오랜 수행과 공덕의 결과로 성철 스님으로 치환되어 읽히는 것이다. 그리고 「백련암 가는 길」에서 길섶에 앉은 벌레 먹은 낙엽 속에는 뒤안길에 찢겨진 욕망의 삶으로 치환된, 결핍과 회한의 부끄러운 자아가 투사된 모습으로도 그려진다. 허지만 그 마음 바닥에는 "씁쓸한 부엽토"로 한 티끌 시방세계를 머금고 싶다는 초연한 의지도 녹아있다.

단풍이나 낙엽 모두 한 주기를 나름대로 열심히 살다간 생명체들이다. 때론 연둣빛 희망과 진초록의 찐득한 생애를 보낸 영욕의 상징물인 낙엽들, 그 속에서 시인 자신이 살아온 만큼의 생의 진정성과 허망, 그리고 생의 상처를 더듬고 회억의 화두를 던진다. 그가 보는 이승이란 "육신마저 잠시 빌려 사는 세상"(「빌려쓰기」)으로, 찰나의 인생이고, 외로운 인생이며, 청빈한 인생무상, "윤회의 고리"(「순환선을 타면서」)와 같은 곳이다.

시인이 고희古稀의 나이를 앞두고 있기 때문일까. 자신의 생을 돌아보는 태도가 너무 진지하기도 하고, 때로는 초탈한 경지에까지 우리를 몰고 간다. 여기에서 시인은 만물의 존재 생사의 흐름을 불가적 시선으로 보는 눈은 줄기차다. 보길도를 가는 길에서 시인은 바다에 떠 있는 "부표"들을 보며 "줄줄이 보살처럼 엎드려 치성을 드린다"고 했고, 자기의 인생무상적 삶의 덧없음을 "뒤엉켜 밑줄 친 삶의 페이지를 장장이 뜯어 일출의 순간에 태워버리기"(「향일암」)로 드러냈고, 예송리 해안에서 몽돌들을 보고 '염불소리' 낸다 (「목탁소리」)고 의미를 부여한다. 또한 잠자리의 죽음을 보고 "죽음마저도/염열炎熱이 남아/천수 천안의 겹눈/시방세계를 응시한다"(「잠자리 입적하시다」)고 보고 있다. 이렇듯 그의 초연하면서도 달관적인 시상의 정서는 다분히 불교적 혹은 선禪적 정서와 결부되면서 깨달음의 정서를 안겨준다. 시 「밤알」은 한 시적 생명체를 통해서 한때 소중한 생명들의 성장 과정과 생의 기쁨, 그리고 회한의 마지막 정한을 보여주고 있는데, 그 이면에는 시적 화자의 자화상도 묻어있다.

가지 휘게 매달렸던 밤송이들
서로를 찔러대던 시절이 있었던가
어느새 알밤 되어 다 떠나고
꿈의 높이에서 추락하는
이제는 빈 들판

홀로라는 것은 눈물보다 더 가슴이 시리다
무엇이 너였고
무엇이 나였을까
저문 햇살에 등을 덮인다

—「밤알」 부분

해학적 감흥의 유쾌한 상상력

김 시인의 자연친화적 경계의 시학은 구도적 깨달음으로 번뇌와 열반, 초탈 등 불가적이고 선적인 침잠을 보여주는 시도 있지만, 사물 세계와의 경험적 정감을 즉물적으로 풀어낸 해학적이고 유희적인 시편도 다량 발견된다. 이 해학적 감흥의 유쾌한 시정도 생명적 주제와 결부되어 있거나 순수하고 투명한 동심적 치기가 곁들여져 드러난다.

술에 취한 빨간 자두가 다가오자
참외가 배꼽을 잡고 노랗게 웃는다

각처의 사투리가 모여들어 떠들썩한
밀고 당기는 구수한 흥정

—「부평시장」 부분

옹이진 가슴에 뿔처럼 돋은 가시
곧추세운 더듬이로 찌르고 찔려
곪은 종기 터트리듯 속 트고 나면
가시나무에 이는 바람도 부드럽게
팝콘처럼 하얗게 퍼지는 향기

—「가시나무숲」 부분

우르르
청개구리 목청 세우고
느닷없는 몰매에
정신 번쩍 차린 풀잎

—「소나기」 부분

시 「부평시장」은 과일가게의 감각적 풍경을 의인화시켜 간명하면서도 해학적 시어로 형상화하고 있다. 각기 다른 지방에서 올라온 과일이나 그 과일을 사려는 사람들 모두 "구수한 흥정"을 하고 있는 바, 그 언어들이 신선하고 유희적 정감을 드러낸다. 그리고 시 「가시나무숲」은 아카시나무와 찔레넝쿨, 탱자나무들이 하나의 울타리를 이루고 있는 즉물적 사물 세계를 묘사한 시이다. 시인은 이들을 "틈새를 채우려는 이복형제들"로 치환시키면서 어린 시절의 애처로운 회억을 그려낸다. 또한 시 「소나기」에서는 비 쏟아진 자연 생태의 단면을 간명한 생동감으로 처리하고 있다.

김 시인의 시가 재미있고 유쾌하게 다가오는 이유는 적절한 비유를 쓰기 때문이다. 그의 감각적 비유는 묘사를 목적으로 쓰여지면서도 늘 정신적 주제와 결부된다. 엄밀한 의미에서 그의 비유는 그럴사한 관계맺기의 상상력으로 언어의 작란作亂에 해당한다. 이런 작란의 수사적 말놀이는 내밀한 사물의 특성을 효과적으로 들춰내기도 하고, 동심적 치기나 사물 풍경의 내면적 심리를 즉물적으로 드러내는 데 사용된다.

싱싱한 푸성귀에 목마른 흥정을 한다
바다를 헤엄쳐 나온 고등어는
푸른 지느러미로 천 원짜리를
유혹하고
꽃게는 만 원을 물고 엉금엉금
장바구니 안으로 기어든다
덤으로 오이 두 개
인심이 후한 떨이 콩나물

—「장바구니」 부분

시 「장바구니」는 풍요롭고 왁자지껄한 시장 풍경이 해학적 동심으로 묘사되고 있다. 시장이란 원래 생존과 애환, 번잡함과 고달픔 등 삶의 리얼리티가 극명하게 드러나는 곳이다. 그런데 김 시인이 인식하는 시장은 풍요롭고 평화로운, 충만한 축제의 시정으로 그려낸다. 그의 이러한 현실의 긍정적 시선은 착하게 살아온 순박한 성격과도 무관하지 않다. 아니 그의 내면에 원초적인 해학과 유머를 좋아하는 치기가 감돌고 있기 때문인지도 모른다.

어쨌든 그의 일부 시편들은 유쾌한 생동감으로 독자를 이끌어간다. 결코 그의 시에서는 암울한 현실 비판이나 사회 문제, 자아의 갈등 등 부정적인 요소는 찾아볼 수가 없는 것이다. 아니, 현실에서 결핍을 느끼거나 괴리감에 당면한다고 해도 구도적 관점에서 이를 승화시키고 초탈해 나간다. 그래서일까. 그의 시정은 늘 잔잔하고 평화스럽고 충만한 생동감에 젖어있어 평안함을 안겨준다. 지천명知天命을 지나 이순耳順의 경지에 들어서일까. 가령 '파도'를 보고 "부딪치고 뒹굴다 돌아서서/멍들도록 새파랗게 울어도 본다"고 하면서도 이내 "깨어져 후련한 해후의 자리"(「파도」)로 여유롭게 감싸안는 여유를 보라.

그의 시 속에서 자연적 소재들이나 사물들은 늘 자신의 경험이나 에피소드를 드러내는 객관적 상관물들이다. "강물 속의 작은 돌멩이"(「강물소리」)에서 "물수제비 따먹던 개구쟁이들"의 회억을 떠올리거나, 「황혼」에서는 오십여 년 전의 동창을 떠올리거나, 「굴밭」에서는 어리굴젓을 훔쳐 먹던 언니와의 에피소드를 들춰내고, 애물단지로 노래된 "목화솜"이나 "옹기항아리"들로부터는 어머니의 체취와 상념을 이끌어낸다. 동심적 과거회상의 이미지로 쓴 아래 「석양」이라는 시는 술지게미를 퍼먹은 준호 얼굴과 무릎의 피, 밥상머리의 석양이 절묘하게 결합된 퍽 재미있는 수작의 시이다.

> 술지게미 퍼먹은
> 아홉 살 준호 얼굴
> 밀주 단속 나온 관리를 피해
> 달아나다 넘어진
> 허기진 보릿고개
> 무릎에선 노을처럼 피가 번지고
> 굴렁쇠를 굴리던 동네 큰 마당
> 아이들은 '무궁화꽃이 피었습니다'
> 진종일 어디에 숨었던 것일까
> 검연쩍게 웃으며
> 불쑥
> 저녁 밥상머리에 다가앉는

—「석양」 전문

현실의 덫에 걸려있는 시인들의 일상은 좀체 자신을 뒤돌아볼 여유를 허락하지 않는다. 그렇게 일상의 삶이란 고단하고 고비의 연속이다. 허지만 시인들은 이런 번잡한 일상 속에서 깨달음과 희망의 여유를 챙긴다. 시인이라면 이는 숙명적인 길이다. 김 시인의 경우도 그간 돌아온 세월, 현실을 볼 때 누구보다도 가난과 고통, 역경과 회한의 세월을 보냈을 것이다. 허지만 간간히 여행을 떠나듯 시적 삶 속에서는 삶의 풍요로움과 여유를 찾아 또 다른 자신을 발견해 내고 깨달음의 지평을 열어낸다. 자아와 세계를 넓은 품으로 감싸안는 실존의 시 미학, 그런 존재의 품 안에서 그는 경험적 현실의 역경과 고통, 병마와 싸우며 풍요로움과 생의 여유를 만끽하고 있는 것이다.

하이데거M.Heidegger가 말한 것 같은데, 시인이란 '존재'의 부름(언어)을 전달하는 통로자이며 매개자이다. 이런 점에서 김순자의 시풍은 낭만주의적 서정 시관에 기초하고 있다. 이미 살펴보았듯이 자연에 대한 외경심natural piety, 물아일체적 정감, 연기론적 혹은 윤회론적 사유체계, 구도적 깨달음 등 언제나 긍정적 현실관과 맞닿아 있다. 그래서인지 생명주의적 경계의 풍요로움과 유쾌한 상상력을 보여준다. 자연 사물을 통한 끊임없는 깨달음 내지 자기초월을 통한 무한아, 절대아를 지향하는 시적 노력이 있어 그의 시는 풀잎처럼 해맑고, 별처럼 영롱하다. 이러한 김 시인이 보여주는 서정 양식의 회복은 이 시대 문학의 존재의 당위성을 대변한다. 그것은 물질문명에 대한 반성, 자연과 문명의 균형 감각의 회복을 위해서 바람직하다. 특히 오늘에 직면한 트랜스 생명주의 시대상에서 자연과 인간이 공존하고, 상생하며, 정신과 물질이 삼투되는 생명의 약동을 위한 만물유생론萬物有生論의 시학은 지극히 자연스럽고 마땅하기 때문이다.

문학의전당 신작시집
청빈한 줄탁

초판인쇄 2008년 9월 25일
초판발행 2008년 9월 30일

지 은 이 김순자
펴 낸 이 김충규
펴 낸 곳 문학의전당
출판등록 제387-2003-00048호(2003년 9월 8일)

주 소 121-718 서울특별시 마포구 공덕2동 404번지 풍림VIP텔 202호
전화번호 02-852-1977
팩시밀리 02-852-1978
블 로 그 http://blog.naver.com/mhjd2003
전자우편 mhjd2003@naver.com

I S B N 978-89-91006-96-6 03810

*이 책은 인천문화예술재단의 창작기금을 받아 제작되었습니다.